RÉFORMES

DE

L'EMPIRE OTTOMAN

LEUR INFLUENCE

SUR LES PROGRÈS DE LA CIVILISATION

ET LE MAINTIEN DE L'ÉQUILIBRE EUROPÉEN

PAR

E. DE VALMY

ANCIEN DÉPUTÉ.

(Extrait du *Correspondant*, n° du 10 décembre 1850.)

PARIS

IMPRIMERIE DE SOYE ET C‹,

RUE DE SEINE, 36.

1850

RÉFORMES
DE L'EMPIRE OTTOMAN.

RÉFORMES

DE

L'EMPIRE OTTOMAN

LEUR INFLUENCE

SUR LES PROGRÈS DE LA CIVILISATION

ET LE MAINTIEN DE L'ÉQUILIBRE EUROPÉEN

PAR

E. DE VALMY

ANCIEN DÉPUTÉ.

(Extrait du *Correspondant*, n° du 10 décembre 1850.)

PARIS

IMPRIMERIE DE SOYE ET C°,

RUE DE SEINE, 36.

1850

Ces lignes étaient écrites lorsque les tristes événements d'Alep sont venus appeler l'inquiète attention de l'Europe sur la situation de l'empire ottoman et sur le progrès de ses réformes. L'occasion de donner une éclatante preuve de justice et d'autorité a été offerte et, il faut en convenir, acceptée sans aucune hésitation à Constantinople. Les rapports officiels déjà publiés nous ont appris que les mesures les plus énergiques ont été mises à exécution avec un louable empressement; si le mal a été grand, il est heureusement loin d'avoir atteint les proportions que la crédulité publique lui avait données, et, si la réparation mérite quelque reproche, ce n'est pas celui d'avoir été insuffisante. Ce qui est certain, c'est que le sultan n'a pas trompé la confiance qui était accordée à ses intentions, et que les populations chrétiennes, pouvant compter désormais sur la protection du gouvernement turc, ne seront plus dans la dure nécessité de faire un appel trop souvent inutile au patronnage méconnu d'une puissance étrangère.

RÉFORMES

DE

L'EMPIRE OTTOMAN.

Tandis que l'Occident défend, à grand'peine, l'ordre social lentement édifié sur les ruines du monde païen, il se passe en Orient un fait opposé, un fait considérable à tous égards et qui apporte un secours inattendu à ceux qui luttent en ce moment pour le salut de la civilisation.

Naguère condamnés par un verdict, en quelque sorte unanime du monde civilisé à lever les tentes qu'ils avaient dressées sur la frontière de l'Europe, les maîtres de Constantinople en appellent de cette sentence et prétendent occuper légitimement parmi les Etats de l'Occident la place qu'ils ne devaient plus depuis longtemps qu'à nos divisions et à nos rivalités. Pour obtenir ce droit de cité, que ni la guerre ni les alliances n'avaient pu conquérir, il fallait relever l'empire ottoman de sa décadence et l'initier aux grands principes de la civilisation européenne; il fallait, en d'autres termes, opérer une réforme tout à la fois politique, sociale et religieuse. C'est cette réforme qui se poursuit en ce moment et sur laquelle nous croyons devoir appeler quelque attention, au double point de vue du progrès de la civilisation et du maintien de l'équilibre européen.

L'histoire des nations offre peu d'exemples d'une réforme véritable-
ment utile au développement de la civilisation ; cependant l'empire
ottoman semble avoir quelque droit d'espérer cette rare bonne fortune, et cela tient à ce que la réforme y est venue d'en haut, à ce
qu'elle s'appuie sur des intérêts et des besoins incontestables au lieu
de s'appuyer sur des passions aveugles ou sur des opinions irré-
fléchies.

Lorsque le sultan Mahmoud a entrepris de renverser la tyrannie
des janissaires et de réformer l'administration de son empire, ce pro-
jet pouvait sembler téméraire en regard des obstacles qu'il devait
rencontrer, et cependant il était moins téméraire que légitime. Les
janissaires, véritables prétoriens de l'empire ottoman, y comman-
daient en maîtres plus absolus encore que les prétoriens qu'ils avaient
chassés de Constantinople. Leur puissance, fondée en même temps
sur leur force matérielle et sur les priviléges nombreux qu'ils avaient
successivement obtenus de la générosité des sultans ou arrachés à
leur faiblesse, leur puissance, on peut le dire, ne connaissait pas de
limites; elle ne se bornait pas à exercer sur toutes les industries un
protectorat onéreux, elle allait jusqu'à déposer les souverains par
des arrêts qu'elle pouvait rendre et exécuter elle-même.

D'un autre côté, le désordre et la corruption avaient envahi toutes
les fonctions administratives ; la levée des impôts était une exaction
perpétuelle, aussi stérile pour le Trésor que désolante pour les populations ; les règlements d'administration publique étaient abandon-
nés aux caprices des agents supérieurs et subalternes ; les arrêts de
la justice, ou pour mieux dire de l'injustice, étaient au plus offrant
et dernier enchérisseur ; les *déré-beys*, espèce de seigneurs féodaux,
cherchaient à se rendre indépendants dans les provinces confiées à
leur administration, afin de les opprimer plus librement ; les pachas

se révoltaient ouvertement contre l'autorité impériale, et telle était l'importance de ces insurrections que le bruit en venait jusqu'à nous. Tout le monde a entendu parler d'Ali-Pacha de Janina, de Kialib-Oglou de Smyrne, de Mohammed-Ali d'Egypte, et d'Achmed-Pacha de Tunis, que la France est peut-être intéressée à protéger, mais dont elle ne saurait justifier les actes de rébellion.

Encore quelque temps de ce régime désastreux et l'empire ottoman tombait de lui-même en dissolution, sous les yeux des puissances qui le protégeaient en vain contre les agressions du dehors.

Il n'est pas besoin d'insister sur ce triste état de choses pour démontrer que l'esprit de désordre et de ruine inspirait ceux qui voulaient perpétuer le *statu quo*, tandis que ceux qui voulaient le réformer servaient la cause de la civilisation et de l'indépendance ottomane. La cause du *statu quo*, soutenue jusqu'alors par le bras invincible des janissaires, a été vaincue, et la ruine de cette formidable milice a été si complète que, depuis vingt-cinq ans, il ne s'est pas trouvé un seul homme qui ait tenté de la relever d'un anathème trop justement mérité. La cause de la civilisation a-t-elle obtenu de son côté une véritable victoire? Est-il permis d'espérer qu'elle puisse triompher définitivement parmi les Turcs? Telle est la question que doivent se poser aujourd'hui les esprits sérieux et qu'il est opportun, sinon de trancher, du moins de considérer sous ses principaux aspects, en vue des perturbations qui peuvent altérer l'équilibre de l'Europe.

Amoindrir les proportions de la tâche entreprise par le sultan Mahmoud, ce serait manquer de justice et de prudence. Il est évident qu'il ne s'agit pas simplement à Constantinople de ramener dans la voie de la civilisation chrétienne un peuple retardataire, comme cela avait été entrepris à Saint-Pétersbourg: la religion, les mœurs et le

caractère particulier des peuples orientaux ont imposé aux réformateurs de l'empire ottoman un problème plus difficile à résoudre ; il
s'agit d'initier à la civilisation dont le Christianisme a été le principe
et dont il a rédigé pour ainsi dire le code, un peuple chez lequel les
traditions religieuses et le génie national avaient créé un antagonisme
ardent et infatigable contre les peuples chrétiens. Pierre-le-Grand
n'avait eu à poursuivre qu'une réforme politique ; le sultan Mahmoud
avait à entreprendre, comme nous l'avons dit tout d'abord, une réforme à la fois politique, sociale et religieuse.

Le vieux fanatisme musulman ne s'y est pas trompé ; il a compris,
dès l'origine, la portée des desseins dont une réforme militaire n'é-
tait que le prélude ; il les a trouvés inconciliables avec les préjugés
qu'il nourrissait et les principes qu'il affirmait depuis plusieurs siècles, et il avait raison à son point de vue. D'un autre côté, le sultan
Mahmoud se croyait en droit de penser que la religion musulmane
n'était pas opposée d'une manière absolue à la civilisation ; il pouvait, en effet, se souvenir que les Arabes avaient été, pendant plusieurs siècles, la nation la plus éclairée du globe, que l'Europe leur
avait emprunté le système de numération, les orgues, les cadrans
solaires, les horloges et le genre d'architecture dont elle conserve
encore l'usage ; que Badgad et Bassora avaient été, sous le règne des
califes, des foyers éclatants de littérature et de poésie, et il a pu
conclure de ces faits que Mahomet n'avait pas été l'apôtre de la pa-
resse et de l'ignorance dont s'enorgueillit le vieux fanatisme musulman, que le véritable ennemi de la civilisation de l'Occident, le
point d'appui du *statu quo,* le foyer de l'antagonisme religieux c'était
surtout le caractère oriental.

Il semble, en effet, lorsqu'on interroge l'histoire, que l'islamisme
n'a pas été le principe mais l'auxiliaire de l'antagonisme entre l'Orient

et l'Occident ; que le Coran n'a pas façonné l'esprit oriental, mais qu'il s'est fait à son image, pour mieux le capter ; que ce n'est pas comme religion nouvelle que l'islamisme a surgi au milieu des peuples orientaux, mais plutôt, qu'on nous permette cette expression, comme religion réformée. Il est certain que Mahomet a concouru ardemment à la destruction des restes du paganisme, qu'il a reconnu le Dieu des chrétiens et annoncé la venue du fils de Marie [1]. Il a également adopté le dogme du jugement dernier et de la rémunération suivant les œuvres ; enfin il a prêché la fraternité et l'égalité que le Christianisme avait apportées au monde. Ce que Mahomet a modifié dans le Christianisme, c'est ce que les coutumes orientales avaient repoussé. Il a accompli ce qu'Arius et Nestorius avaient tenté. Est-ce à dire que l'islamisme soit une hérésie chrétienne? Non, assurément; mais on peut le considérer comme une protestation du génie oriental contre le spiritualisme chrétien. En un mot, c'est l'Orient qui a inspiré le Coran, l'Orient tel que Mahomet l'avait trouvé, l'Orient tel que l'avait fait la décadence des Phéniciens, des Assyriens, des Mèdes et des Perses. Il est vrai que le Coran est devenu le bouclier de l'Orient contre la civilisation de l'Occident, mais il ne faut pas en conclure qu'il le sera toujours; il est au contraire permis de trouver dans cette origine de la loi mahométane une espérance pour le succès des réformes entreprises sous l'influence d'une réaction de l'esprit oriental et d'un refroidissement du vieil antagonisme qui avaient été les foyers du fanatisme musulman.

On peut objecter que Mahomet a écrit dans le Coran trois principes incompatibles avec notre civilisation : le fatalisme, la polygamie et

---

[1] C'est une croyance traditionnelle et appuyée sur les souvenirs les plus populaires de l'Orient, que le Christ doit descendre sur la terre à *l'ack-minaré*, l'une des flèches de la fameuse mosquée de *Beni-Umayé*, à Damas.

l'intolérance ; mais on peut affirmer, d'un autre côté, que le Coran est loin d'être, sur ces grandes questions, aussi explicite et aussi inflexible qu'on le pense généralement.

Il y a plusieurs siècles que le Coran est enseigné, mais il s'en faut de beaucoup qu'il ait toujours été interprété dans le même sens, et les réformateurs modernes ont eu le droit de penser qu'après le commentaire du fanatisme pouvait venir le commentaire de la tolérance. Parmi les théologiens les plus vénérés de l'islamisme il en est qui ont d'avance ouvert les voies à ce nouveau commentaire ; le célèbre Mohammet-Baker-Medjlie, par exemple, loin de trouver le dogme du fatalisme dans le Coran, n'a pas craint de repousser ce dogme comme incompatible avec la justice de Dieu. Quant à la polygamie, si elle est autorisée par quelques passages du Coran, elle n'est pas également encouragée dans les prédications de Mahomet où l'éloge est prodigué à ceux qui n'épousent qu'une femme. Enfin, si l'intolérance est enseignée dans les premiers chapitres du Coran, elle est au moins bannie des derniers. A ceux qui s'étonneraient de ces contradictions et de ces incertitudes sur les principes fondamentaux de l'islamisme, nous rappellerons que le Coran est composé de cent quatorze fragments séparés et que Mahomet a consacré vingt-quatre années de sa vie à les rédiger successivement. Au reste, la possibilité de faire un nouveau commentaire du Coran n'est plus une question de théorie, c'est en quelque sorte un fait accompli. Le développement pacifique et non interrompu des réformes fondées sur une appréciation modérée et conciliante du Coran, prouve que le principe de la tolérance est entré dans l'esprit des musulmans et y sert de point d'appui à la réforme religieuse qui s'opère en ce moment. La vieille intolérance des enfants d'Ismaël n'a pas encore cessé d'exister, mais elle ne vit plus que chez les Arabes, héritiers

directs des Sarrasins, de leur nom et de leur fanatisme; c'est chez
ce peuple errant que l'on retrouve encore les ennemis que les croi-
sés ont combattus sous les murs de Jérusalem, c'est en Afrique surtout que l'on rencontre les adversaires implacables de toute civilisation chrétienne. Les Turcs, au contraire, se sont séparés des Sarrasins lorsqu'ils ont mis le pied en Europe; dès ce jour ils ont pris
le nom d'Ottomans, par respect pour la mémoire du fondateur de
leur empire et peut-être aussi par instinct de leurs futures destinées.
On conçoit que le monde chrétien au moyen âge n'ait vu dans la
prise de Constantinople par les Turcs qu'un sujet d'alarmes, mais il
est permis à l'historien de notre temps d'y voir l'exécution d'un
arrêt de la justice divine, et l'extinction d'un foyer de corruption et
de dégradation qui répandait sur le monde chrétien sa lumière per-
nicieuse. Le jour où l'empire grec a disparu, le schisme de Photius
a perdu le secours d'une autorité qui, dans sa faiblesse, était encore
toute-puissante pour le mal; le Christianisme a été délivré d'un ennemi intérieur plus dangereux que ceux du dehors, et le péril même
que l'invasion des Ottomans a révélé à l'Occident a été une source
féconde où se sont ravivés les sentiments chrétiens les plus dévoués
et les plus purs.

Après tout, et sans développer ici ces considérations sur le caractère providentiel de la conquête des Turcs, sans approfondir la
question de savoir jusqu'à quel point le Coran peut se modifier et se
survivre, il est juste de dire que l'Orient se transforme, qu'il se rap-
proche de l'Occident, qu'il lui tend l'olivier d'une main qui avait
toujours tenu le glaive, qu'il rend hommage à la suprématie de notre
civilisation, qu'il sent le besoin de faire des sacrifices pour la conquérir, et que la religion musulmane, qui était venue consacrer un
antique et fatal divorce, se prête elle-même au rapprochement qui

se prépare en acceptant les réformes qui en sont l'utile avant-coureur.

Il n'a pas été donné au sultan Mahmoud d'opérer ce rapprochement, mais il lui a été permis de le préparer en déblayant le terrain et en posant les premières bases d'une réforme politique et religieuse ; il a fait mieux encore, il a donné à l'Empire un prince disposé à accomplir l'œuvre qu'il avait à peine eu le temps d'ébaucher.

Le sultan Abd-ul-Medjid, fils aîné du sultan Mahmoud, est monté sur le trône à l'âge des grands princes ; il avait à peine seize ans, mais déjà il était initié à la direction des affaires. Des juges compétents et dignes de foi qui ont eu l'honneur d'approcher de ce prince le disent distingué par son instruction et ses lumières et surtout digne d'intérêt par les rares qualités de son cœur, par sa magnanimité, par sa clémence et le zèle ardent qui l'anime pour le bonheur des peuples soumis à son autorité.

Ce qui est hors de doute, c'est que son règne a inauguré une ère nouvelle pour l'empire ottoman. Dès son avénement au trône il a eu l'heureuse pensée de s'entourer des hommes éclairés qui avaient concouru, sous le règne de son père, à faire prévaloir le principe des réformes et des améliorations, et il a proclamé lui-même ce principe dans le hati-cherif de *Gulhané,* œuvre incomplète assurément si l'on y cherche une constitution nouvelle, mais décisive en ce sens qu'elle engageait le gouvernement turc, vis-à-vis de l'Europe comme vis-à-vis de ses sujets, à donner les garanties d'une administration équitable, et notamment à affranchir les populations chrétiennes de l'oppression et des abus de pouvoir dont elles avaient été si longtemps victimes. Dire ce qui a été fait jusqu'à ce jour pour remplir cet engagement solennel ce sera exposer le progrès des ré-

formes et des améliorations, ce sera en faire apprécier l'importance.
Il suffira même, dans ce but, d'en donner une simple énumération.

Un conseil d'Etat formé et investi de la mission de discuter toutes
les décisions importantes qui doivent être soumises à la sanction sou-
veraine du sultan.

Les pachas ramenés au rôle d'agents du gouvernement, responsa-
bles de leurs actes.

L'impôt du *karatch,* symbole de la conquête, aboli tout récemment.

Des conseils municipaux, composés de musulmans et de chrétiens,
chargés dans tous les districts de statuer sur la répartition des
impôts.

Des tribunaux mixtes créés pour juger les contestations entre les
sujets des différentes communions.

Le témoignage des chrétiens reçu devant la justice criminelle ; leur
admission aux fonctions administratives avec les mêmes droits que
les musulmans.

Le titre de *raya* qui marquait la dépendance des chrétiens, et le
privilége du costume, derniers vestiges de la différence des races,
également supprimés.

La torture et la bastonnade abolies.

Des facultés de médecine et des écoles préparatoires créées pour
donner un enseignement gratuit.

Les routes impraticables améliorées ; des établissements de bienfaisance, des hôpitaux et des hospices fondés sur une grande échelle.

Des fabriques de draps, de soieries et d'étoffes diverses établies dans tout l'empire et notamment à Constantinople.

Tous les monopoles abolis.

Une banque nationale instituée.

Un ministère du commerce et de l'agriculture organisé pour raviver les deux grandes sources de prospérité que la nature du sol a assurées à la Turquie.

Un tribunal de commerce, chargé de juger tous les différends qui peuvent s'élever entre des sujets ottomans et des étrangers, d'après les principes du Code français adopté avec quelques changements insignifiants.

Un système de quarantaines organisé dans tout l'empire pour détruire un fléau que les préjugés religieux avaient perpétué et qui, après avoir décimé périodiquement la Turquie, venait envahir l'Europe elle-même en dépit de toutes les précautions.

Une armée régulière de 200,000 hommes, pourvue des moyens d'entrer en ligne contre des armées disciplinées.

Une flotte de 40 vaisseaux et d'environ 20 navires à vapeur commandés par des officiers sortant de l'École navale de Constantinople.

Le trafic des esclaves aboli, bien que la condition de ceux-ci fût différente dans l'empire ottoman de ce qu'elle est partout ailleurs, en ce sens que l'esclave fait partie de la famille musulmane, et bien qu'il fût possible de passer de l'esclavage aux plus hautes fonctions de l'Etat, ainsi qu'on peut s'en convaincre en parcourant aujourd'hui la liste des fonctionnaires ottomans.

En résumé :

La proclamation des principes d'égalité devant la loi, la juste répartition des impôts, la séparation des pouvoirs judiciaires, administratifs et militaires, l'adoucissement des peines qui s'appliquaient au nom d'une justice barbare, enfin le développement successif de ce qui peut contribuer au bien-être et à la sécurité de tous, telles ont été les œuvres accomplies par le gouvernement turc dans un espace de dix années.

On peut assurément citer des faits qui se sont produits en dépit des institutions que nous venons de signaler, mais on peut citer également d'autres faits qui prouvent que les réformes promises n'existent pas seulement dans les archives du Divan.

Au moment même où nous écrivons, le pacha de Damas est mis en jugement pour avoir fait appliquer la bastonnade en opposition avec les prescriptions de la loi nouvelle. Un inspecteur général des écoles se trouve à Paris depuis quelque temps avec une mission qui a pour but de développer l'instruction publique. La peste, qui entravait les relations commerciales, a complètement disparu, et déjà nous pouvons songer à adoucir la rigueur des mesures qu'une sage prévoyance avait jusqu'ici imposées. Constantinople voit s'élever aujourd'hui une usine qui a coûté plus de 25 millions à construire. La sultane mère a fondé pour les indigents un hôpital qui ne le cède à aucun établissement de ce genre en Europe.

Lorsque Reschid-Pacha a quitté momentanément les affaires pour faire place à un ministère ennemi des réformes, il pouvait s'attendre aux rigueurs que le parti triomphant avait toujours exercées en pareil cas. Mais il a reçu du sultan l'assurance qu'il n'avait rien à redouter, et sa disgrâce a été aussi paisible qu'elle a été passagère ; on peut même ajouter que, depuis l'avénement du sultan, il ne descend plus du trône que des arrêts dictés par l'humanité et la bienveillance.

La réforme ne s'est pas même arrêtée aux institutions sociales et politiques ; elle a poursuivi sa marche infatigable et courageuse jusque dans le domaine spirituel. Elle a rayé du Coran l'article qui condamnait à la peine de mort, par décapitation, tout chrétien qui, après s'être fait musulman, reviendrait à sa première croyance. La réforme procédera lentement sur ce terrain, il faut s'y attendre ; elle y rencontrera des résistances qui réveilleront plus souvent les vieilles traditions du fanatisme que les principes de tolérance ; toujours est-il que les dépositaires de la science religieuse n'en sont déjà plus à leur première concession ; la présence d'un envoyé de la Sublime Porte dans la capitale du monde chrétien, en 1847, a prouvé que le parti de la tolérance et de la conciliation avait acquis une prépondérance marquée à Constantinople. Il est vrai que la mission de Chekib-Effendi à Rome n'avait pour but ostensible que de complimenter le saint Pontife dont tous les souverains saluaient à l'envi l'heureux avénement ; mais en même temps le ministre plénipotentiaire de la Porte était chargé de rassurer Pie IX sur le sort des Maronites du Liban, en faveur desquels Sa Sainteté avait fait des ouvertures à Constantinople, et, sans examiner ici jusqu'à quel point ces assurances ont été suivies d'effet, il est permis d'attacher quelque importance à une mission qui avait au moins pour résultat de créer des rapports nouveaux entre le sultan et le chef spirituel des catholiques, et de reconnaître l'autorité religieuse du Pape sur des sujets de la Sublime Porte.

Le ministre qui a inauguré son retour aux affaires par cet acte de sagesse et de tolérance est aujourd'hui grand-visir, et sa présence dans ce poste éminent peut être considérée comme une garantie de la politique de progrès et de conciliation. En effet, Reschid-Pacha n'est pas seulement le négociateur habile et courageux qui a mis fin aux démêlés du sultan et du pacha d'Egypte et a réglé les différends élevés, en 1848 et en 1850, entre la Russie et la Porte; c'est surtout l'homme d'Etat dévoué à la régénération de l'empire ottoman, c'est l'ambassadeur qui a passé plusieurs années à Paris et à Londres, et qui, dans ces capitales de la civilisation européenne, s'est livré ostensiblement à l'étude de nos institutions avec le but avoué de les naturaliser dans sa patrie. Il serait impossible de méconnaître la portée que ces précédents donnent à la confiance dont Reschid-Pacha est honoré, et de ne pas fonder quelque espoir sur un prince qui donne à sa politique un auxiliaire aussi intelligent et aussi heureusement connu de l'Europe.

La réforme est loin d'être achevée; sans doute il reste encore beaucoup à faire, quoiqu'on ait beaucoup fait, et cette observation s'applique surtout à l'état financier. Il semble en effet que la situation du Trésor turc soit particulièrement embarrassée en ce moment, et qu'il soit sur le point de contracter un emprunt pour faire face aux dépenses que les derniers événements de Hongrie ont occasionnées. Cependant il est à remarquer que, jusqu'à ce jour, l'empire ottoman n'a pas connu cette plaie des Etats civilisés qu'on nomme la dette publique, et on peut avancer avec confiance que les revenus du Trésor turc n'attendent qu'une organisation plus régulière pour faire face à tous les besoins créés par le développement même de la civilisation. Un grand pas a déjà été fait le jour où le système d'exactions, trop souvent adopté pour rétablir l'équilibre des recettes et des dépenses, a été définitivement répudié. Il ne reste plus, pour achever la réforme financière, qu'à recourir au système de recettes que les meilleurs esprits ont reconnu utile et praticable ; il consiste à remplacer les impôts en nature, exposés à varier selon la fécondité des années, par un impôt territorial, qui produira des résultats aussi avantageux au Trésor public qu'à la fortune des propriétaires fonciers, pourvu qu'on leur garantisse une sécurité qui leur a manqué jusqu'à présent. La question financière, quelque compromise qu'elle soit en apparence, est donc possible à résoudre, et il suffit pour y parvenir de le vouloir sérieusement.

En terminant cette première partie des observations que motivaient les progrès de la réforme, il est à propos de remarquer que déjà les mœurs et les habitudes des Turcs sont devenues méconnaissables pour quiconque ne les a pas vus depuis dix ans. Chaque jour ils perdent quelque chose de cette apathie que le fatalisme avait fortement empreinte dans leur caractère ; ils se livrent à l'étude des langues étrangères, qu'ils se croyaient le droit de dédaigner, et se font honneur des connaissances empruntées aux nations de l'Occident. Ils conservent même, au milieu de cette heureuse transformation, les sentiments de générosité et d'hospitalité qui distinguaient leur caractère national, à tel point que le gouvernement, dans l'affaire des réfugiés hongrois et polonais, a soutenu les droits de la vieille hospitalité musulmane jusqu'à la témérité.

Un autre fait non moins important à constater, c'est le bon état des rapports de la Turquie avec la Grèce ; il ne faut pas s'y tromper, la renaissance de ce faible royaume est nécessaire à celle de l'empire ottoman. Placé sur les limites de l'Orient et de l'Occident, le peuple grec semble appelé, autant par son génie particulier que par sa position géographique, à faciliter le rapprochement qui se prépare entre ces deux grandes fractions du vieux monde ; en adoptant les mœurs de l'une, les Grecs ont conservé, sur des points essentiels, les croyances de l'autre, et peuvent ainsi devenir naturellement un trait d'union entre les deux. La Sublime-Porte semble avoir compris cette situation et avoir obéi à l'instinct d'une sage prévoyance, lorsqu'elle a apporté dans ses discussions avec la Grèce, notamment à propos de l'affaire de M. Mussurus, un esprit de conciliation et de paix.

L'occasion était favorable de mettre en péril l'existence même du nouveau royaume grec, et de prendre une revanche qui aurait satisfait de vieux ressentiments ; les auxiliaires n'auraient pas manqué à cette œuvre de destruction. La Sublime-Porte a mieux compris son véritable intérêt, et servi plus utilement sa cause en apaisant un imprudent conflit. Il ne s'agit pas en effet pour l'empire ottoman de renverser un faible royaume et de reconquérir quelques provinces sur sa frontière méridionale ; ce qui importe, c'est de prévenir, par une bonne administration, de nouveaux déchirements, c'est d'achever ce qui a été commencé, c'est d'enlever aux populations chrétiennes le désir de secouer un joug intolérable, en effaçant les dernières traces de leur servitude et de leur oppression.

Nous voici arrivés à la question des rapports extérieurs de l'empire ottoman, c'est-à-dire au problème jusqu'ici le plus insoluble, et peut-être aujourd'hui le plus simple, du droit public européen.

Depuis le temps où la Russie a commencé à dépouiller la Turquie de ses provinces européennes, la pensée de suivre cet exemple est entrée dans le système politique de tous les grands cabinets ; la succession de l'empire ottoman a été en quelque sorte déclarée ouverte, tous les Etats se sont portés ses héritiers naturels ; des projets de partage ont été négociés, et ce n'est pas l'ambition qui a manqué pour les accomplir, c'est plutôt elle qui les a fait échouer ; nul n'a voulu céder à ses collatéraux la possession de Constantinople ; chacun a prétendu se réserver cette admirable part que nulle autre ne pouvait égaler, et il est arrivé que l'empire ottoman a été sauvé par ce qui semblait provoquer à sa perte. Toutefois la situation de cet empire ne cessait jamais d'être compromise le lendemain du jour où il échappait à une crise ; il n'en restait pas moins en dehors de la république européenne, et on peut se souvenir qu'il ne fut pas même appelé, en 1814, à envoyer des plénipotentiaires au congrès qui s'était formé pour reconstituer l'équilibre politique des Etats et pour partager le fruit des victoires auxquelles les armées ottomanes avaient pris une part au moins indirecte. Isolée de tous les gouvernements qui reçurent alors des garanties de leur indépendance, la Sublime-Porte n'en reçut aucune ; le congrès sembla dire plutôt, par son silence, que la Turquie était réservée pour servir d'enjeu à de nouvelles combinaisons d'équilibre ; menace vraiment sérieuse à une époque où le système des compensations territoriales avait été introduit par la Révolution dans le droit public de l'Europe, menace qui fut sur le point d'être mise à exécution quelques années plus tard, tant il était reconnu que la situation exceptionnelle de l'empire ottoman, parmi les Etats civilisés, justifiait toutes les prétentions. Personne n'ignore aujourd'hui les projets auxquels il est fait ici allusion ; on sait que les diplomates les plus dévoués d'ailleurs à l'esprit d'équité et de justice avaient voulu réparer les torts du congrès de Vienne aux dépens de la Turquie, que l'explosion d'une révolution est venue interrompre les négociations entamées pour un remaniement territorial, et sauver l'empire ottoman de ce nouveau péril en brisant les rapports de bonne intelligence qui existaient entre les États du continent. Cependant l'intégrité de la Turquie était loin d'être assurée définitivement par cette nouvelle révolution ; si les projets de compensations territoriales se trouvaient écartés, le système de conservation ne prévalait pas encore dans les réunions diplomatiques, et l'empire ottoman devait souffrir encore longtemps de cette incertitude de la politique européenne.

Tout semblait impossible à une époque où les complications surgissaient de toutes parts, et on ne s'entendait pas mieux pour défendre l'empire ottoman que pour l'attaquer. La France, que ses rapports avec l'Orient appelaient à jouer le premier rôle, était impuissante à en choisir un qui fût digne d'elle ; notre cabinet donnait au pacha d'Egypte une assistance qui ne pouvait plus se justifier ni même se comprendre, il servait la cause du démembrement de l'empire turc sans vouloir et sans pouvoir s'en attribuer une part, et se précipitait aveuglément dans une voie qui devait nécessairement aboutir à un abîme ou à une impasse [1].

Si l'empire ottoman n'est pas tombé dans l'abîme, c'est parce que le fantôme de l'esprit révolutionnaire, follement évoqué à Paris pour soutenir en Syrie un pouvoir insurrectionnel, a réuni dans une même pensée de conservation les adversaires et les alliés de la Turquie. Quant à la France, on se rappelle qu'elle est venue échouer devant le traité du 15 juillet, laissant à l'Angleterre l'honneur et le mérite de sauver l'empire ottoman, de proclamer son intégrité dans une

---

[1] Nous avons peut-être le droit de rappeler ici que nous avions signalé ce danger, en 1839, à la tribune de la Chambre des députés. (Voyez la discussion du crédit de 10,000,000, *Moniteur* du 27 juillet 1839.)

conférence européenne et de faire adopter par la Russie elle-même cet appendice inattendu des actes du congrès de Vienne, c'est-à-dire la garantie la plus efficace et la plus inespérée de l'indépendance et de l'intégrité territoriale de la Turquie [1].

Cet événement considérable a passé presque inaperçu en 1841; l'Europe était si heureuse d'avoir échappé à une guerre générale qu'elle n'a pas discuté le prix de la paix. Cependant il faut bien constater que les traités de 1840 et 1841 ont donné à la Turquie ses lettres de grande naturalisation et que les successeurs de Catherine, en y apposant leur toute-puissante signature, ont ouvert une voie nouvelle à la politique européenne.

Ainsi, tandis que la Turquie est entrée dans la carrière des réformes et a adopté les mesures les plus propres à rendre la vie à un corps qui tombait en dissolution ; de leur côté, les grandes puissances, qui avaient plusieurs fois médité le partage de l'empire ottoman, ont placé son indépendance et son intégrité sous la garantie de leur droit public.

L'importance de ces faits nouveaux est décisive, la portée en est facile à comprendre ; il en résulte que le problème naguère insoluble ne l'est plus et pour mieux dire qu'il est déjà résolu ; il n'est plus permis désormais à aucun homme d'Etat sérieux de dire que les Turcs sont campés en Europe et de chercher dans les dépouilles de l'empire ottoman des compensations aux iniquités du congrès de Vienne. Désormais le respect du droit public et l'intérêt de la civilisation sollicitent les grandes puissances d'adopter franchement un système de conservation comme règle de leurs rapports avec la Su-

---

[1] Le traité des détroits signé par toutes les grandes puissances, stipule expressément l'intégrité de l'empire ottoman.

blime-Porte ; il ne suffit même plus de reconnaître son indépendance, il faut en assurer le développement. La France est particulièrement intéressée à entrer dans cette voie. Trouver au fond de la Méditerranée un allié sûr et puissant, tel a toujours été l'intérêt légitime et séculaire de la politique française. Si le sultan peut devenir cet allié, s'il se met résolument en mesure de soutenir son rang parmi les Etats civilisés, la France, en lui donnant un appui sincère et efficace, continuera à servir un intérêt permanent, qu'avec ou sans les Turcs elle ne doit jamais abandonner.

Le moment n'est pas venu d'exposer les résolutions qu'il serait nécessaire d'adopter afin de suivre avec intelligence et profit cette phase nouvelle d'une ancienne politique ; il serait également inopportun d'examiner ici jusqu'à quel point le gouvernement de la République a compris et servi nos intérêts permanents dans les questions qui ont été débattues à Constantinople : l'occasion viendra d'engager plus utilement cette discussion ; l'attention publique ne peut être appelée aujourd'hui que sur un dernier point, sur les anciennes capitulations qui règlent nos rapports avec la Turquie.

Lorsque ces traités, ou pour mieux dire peut-être, ces concessions ont été stipulées par l'empire ottoman, le droit public était encore à créer et les premiers principes du droit des gens commençaient à peine à s'établir entre les nations. La trace de cette époque peu civilisée est fortement empreinte dans le droit international des puissances chrétiennes et de la Turquie, et c'est précisément ce qui le rend, sous beaucoup de rapports, inapplicable à l'époque actuelle. On y trouve sans doute des priviléges nombreux que la Sublime-Porte, dans sa puissance, croyait pouvoir nous accorder sans péril, mais on y remarque aussi un cachet de générosité dédaigneuse qui fait payer ces priviléges bien cher à notre dignité.

Il arrive même que la Sublime Porte se croit fondée à affaiblir les droits écrits dans les capitulations, et qu'elle ne manque pas de prétexte pour soutenir cette prétention. Tantôt elle invoque la désuétude, tantôt elle a recours à des interprétations spécieuses, et les nations étrangères ne possèdent pas dans la pratique les avantages qui leur sont assurés sur le papier. Il est facile de comprendre que cet état de choses est aussi préjudiciable au travail de régénération qui s'opère en Orient qu'au développement des relations commerciales de l'Europe, et il est bien permis d'en conclure qu'une réforme des traités est le véritable corollaire de la réforme des institutions.

Qu'aurait-on à redouter de négociations entreprises dans ce but ? Craindrait-on d'affaiblir l'autorité morale des traités existants ? Ce mal n'est plus à faire. De se heurter contre les prétentions des puissances rivales ? On ne les trouvera jamais plus hostiles qu'aujourd'hui à leurs intérêts réciproques. De rencontrer des obstacles insurmontables dans le vieux fanatisme musulman ? C'est précisément ce qu'il faut approfondir. Les négociations pour la réforme des traités, quel qu'en soit le résultat, seraient, au pis-aller, une occasion de porter un jugement définitif sur la situation des hommes et des choses en Orient ; elles seraient la pierre de touche de la bonne foi du gouvernement turc aussi bien que des dispositions des musulmans en faveur d'un rapprochement de l'Orient et de l'Occident, et rien n'est plus désirable aujourd'hui, en présence des complications de la politique extérieure, que d'apprendre d'une manière positive et sérieuse si la civilisation et l'équilibre européen peuvent trouver un point d'appui dans les mesures adoptées par la Sublime-Porte, ou s'il faut les considérer comme un frivole déguisement destiné à tromper l'opinion publique et à revêtir l'agonie de l'empire ottoman du prestige éphémère d'une feinte renaissance.

Paris. — E. De Soye, imprimeur, 36, rue de Seine.